VENTE DU MERCREDI 25 MARS 1891

HOTEL DROUOT, SALLE N° 8

Collection de feu M. CHAZAUD

TABLEAUX ANCIENS

DES DIFFÉRENTES ÉCOLES

PORTRAITS

du Roi René d'Anjou et de Jeanne de Laval

MEUBLES ET CURIOSITÉS

EXPOSITION PUBLIQUE

LE MARDI 24 MARS 1891

De 1 heure à 5 heures 1/2

COMMISSAIRE-PRISEUR

M° **PAUL CHEVALLIER**, 10, rue de la Grange-Batelière

EXPERTS :

M. E. FÉRAL | **M. B. LASQUIN**
54, Faubourg-Montmartre, 54. | 12, rue Laffitte, 12.

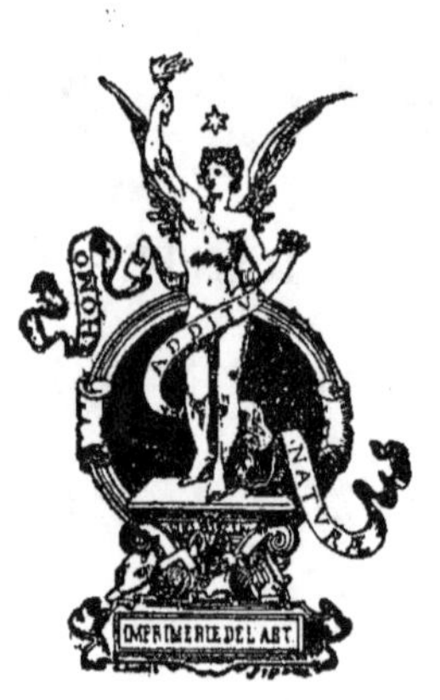
HONO
AD
NATVRÆ
IMPRIMERIE DEL ART

CATALOGUE

DE

TABLEAUX ANCIENS

DES DIFFÉRENTES ÉCOLES

Parmi lesquels on remarque

LES PORTRAITS DU ROI RENÉ D'ANJOU ET DE JEANNE DE LAVAL

MEUBLES, FAIENCES, CURIOSITÉS

Dépendant de la Succession

DE FEU M. CHAZAUD

ET DONT LA VENTE AURA LIEU

HOTEL DROUOT, SALLE N° 8

Le Mercredi 25 Mars 1891

A DEUX HEURES ET DEMIE

COMMISSAIRE-PRISEUR

Mᵉ PAUL CHEVALLIER

10, rue de la Grange-Batelière, 10

EXPERTS

M. EUG. FÉRAL | M. B. LASQUIN

54, rue du Faubourg-Montmartre | 12, rue Laffitte

Chez lesquels se trouve le Catalogue

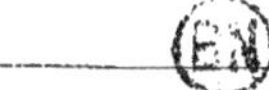

EXPOSITION PUBLIQUE

Le Mardi 24 Mars 1891, de 1 heure à 5 heures 1/2

CONDITIONS DE LA VENTE

Elle sera faite au comptant.

Les acquéreurs payeront *cinq pour cent* en sus des adjudications, applicables aux frais de la vente.

L'exposition mettant le public à même de se rendre compte de l'état des objets, il ne sera admis aucune réclamation une fois l'adjudication prononcée.

Paris. — Imprimerie de l'Art, E. Ménard et Cⁱᵉ, 41, rue de la Victoire

DÉSIGNATION DES OBJETS

TABLEAUX

1 — *Portraits de René d'Anjou, comte de Provence, duc de Lorraine, roi de Naples, de Sicile, etc., et de sa seconde femme, Jeanne de Laval.*

Ces deux curieux portraits proviennent du dernier des Matheron d'Aix en Provence, dont un ancêtre, Jean de Matheron, fut honoré, au XVe siècle, de la qualité de bon compère du roi René et qui a reçu du roi ces deux portraits.

Nous ne saurions d'ailleurs mieux faire que de reproduire les renseignements suivants, puisés dans l'ouvrage de M. Roux-Alpheran, intitulé : *les Rues d'Aix,* et publié en 1846, où on lit, pages 478-479 :

. . . .

« De tous les titres qu'avait portés successivement
« cet illustre habitant d'Aix (Jean de Matheron),

« celui qui doit frapper le plus ses descendants est,
« selon nous, la qualité de *son bon compère* que lui
« donnait le roi René. Ce prince avait tenu sur les
« fonts baptismaux René Matheron, fils de Jean, et
« c'est peut-être à cette occasion qu'il fit présent à
« celui-ci de son portrait et de celui de Jeanne de
« Laval, sa seconde femme.

« Ces portraits, conservés religieusement de génération en génération, dans la famille de Matheron,
« et que les possesseurs actuels se font un plaisir de
« montrer aux curieux avec tant d'obligeance et de
« politesse ; ces portraits, disons-nous, ont été peints
« par le roi René lui-même, sur des tablettes de bois
« qui s'ouvrent et se ferment en forme de livre.

« Ils sont encore dans le même sac de velours cra-
« moisi qui les renfermait, lorsque le bon roi les
« donna à son compère.

« D'un côté est le portrait de René, coiffé d'une
« barrette de velours noir, ainsi qu'il est représenté
« dans le tableau du *Buisson ardent*, qu'on voit à
« Saint-Sauveur ; son manteau est d'un brun foncé,
« fourré de pelleterie de même couleur, et la pelle-
« terie lui forme une espèce de fraise autour du col.
« Sur sa poitrine est l'image de saint Michel, sus-
« pendue à un collier de coquilles, et il tient dans
« ses mains un chapelet à grains cylindriques. En
« regard de ce portrait on voit celui de Jeanne de
« Laval, vêtue de noir, ayant sur la tête un bonnet
« d'étoffe de soie noire, dont les deux côtés pendent
« sur les épaules.

« Ce précieux monument de l'affection du bon roi

« René pour son compère est dans un très bel état
« de conservation, qui atteste le soin qu'en ont tou-
« jours eu les descendants de Matheron et qui les
« honore.

« La couverture en est parsemée de fleurs de lis
« d'or, peintes sur un fond d'azur. Au milieu s'élève
« une tige de lis blanc, avec cette devise plusieurs
« fois répétée : *Ditat servata fides* (la bonne foi
« enrichit). »

En outre, cette note importante se lit en renvoi au
bas de la page 479 du même ouvrage :

« *Voyez les Tournois du roi René, d'après le manus-*
« *crit et les dessins originaux de la bibliothèque du*
« *roi* (Paris, Firmin Didot, 1826, in-folio), où ce
« curieux diptyque a été lithographié.

« Dans l'explication de cette planche, l'éditeur dit
« que le portrait placé en face de celui du roi René
« est le portrait d'une maîtresse nommée Capelle, et
« non celui de la reine Jeanne de Laval. Il ajoute que
« ces portraits ont été tirés du cabinet de M. le che-
« valier Revoil, à Lyon, ce qui peut faire croire
« qu'ils sont sortis de la ville d'Aix et de la maison
« Matheron. Ces erreurs ont été relevées sur l'exem-
« plaire de cet ouvrage qui est à la bibliothèque
« d'Aix, dans une note du savant bibliothécaire,
« qui a vu plusieurs fois, comme nous, cet ouvrage
« du roi René, si religieusement conservé par les
« descendants de Matheron, ainsi que nous l'avons
« dit plus haut. Il est possible, au reste, que M. Ré-
« voil en ait pris une copie pendant le long séjour
« qu'il avait fait à Aix... »

Ces deux portraits sont bien ceux dont il est question dans les extraits ci-dessus mentionnés ; en dernier lieu ils étaient la possession de Mme la comtesse de Saint-Pons, dernier descendant de la famille Matheron, qui les a cédés à feu M. Chazaud avec l'attestation suivante :

« Vendu à M. Chazaud un diptyque représentant « le roi René et Jeanne de Laval, sa femme, peint sur « bois, donné à Jean de Matheron, l'un de mes an- « cêtres, à l'occasion du baptême de son fils dont il « était le parrain.

« Ce diptyque est enfermé dans un sac de velours « rouge, et conservé dans ma famille tel qu'il a été « offert. Aix, le 5 octobre 1872. Signé : Julie de « Wolant de Matheron, veuve de Saint-Pons. »

Depuis 1872, ce même diptyque appartenait à feu M. Chazaud, de la succession duquel il dépend encore aujourd'hui.

Haut., 18 cent.; larg., 28 cent.

AELST (Van)

2 — *Perdrix.*

Cadre ancien.

BACHELIER

3 — *Lapin blanc.*

Signé.

BERTAUX (Jean)

4 — *Un Marché aux chevaux.*

BRAKENBURG

5 — *La Bonne Aventure.*

CIGOLI

6 — *Diane et Endymion.*

> Grande composition dans un cadre en bois sculpté
> à rinceaux.

COYPEL

7 — *Le Triomphe d'Amphitrite.*

COYPEL

8 — *Adam et Ève chassés du paradis.*

DEVOSGE (F.)

9 — *Portrait de femme.*

> Représentée en pied, assise dans un temple et
> entourée d'attributs scientifiques. Elle est vêtue
> d'une tunique bleue et d'une draperie rouge.
> Signé.

DEVOSGE (A.)

10 — *Scènes antiques.*

> Deux petits tableaux formant pendants.
> Signés.

GÉRICAULT (Attribué à)

11 — *La Dispute au cabaret.*

GREUZE ?

12 — *Le Départ du petit Savoyard.*

Scène touchante où le pauvre petit quitte sa famille en pleurs.

Il part de la maison en recevant la bénédiction de son père, en présence de sa maman qui tient le dernier-né au sein et de ses deux jeunes frères dont l'un manifeste un chagrin déchirant de cette séparation forcée ; l'autre retient un gros chien.

A gauche, s'étend un paysage avec rivière.

Peinture à l'état d'esquisse vigoureusement exécutée.

HUE

13 — *L'Église de village.*

LAGRÉNÉE

14 — *Jeune Femme endormie.*

LAMARRE

15 — *Cochon d'Inde.*

LARGILLIÈRE

16 — *Le Mariage du Dauphin.*

Esquisse de la grande composition du musée de Versailles.

MAAS (Dirck)

17 — *La Chasse au cerf.*

MALLEBRANCHE

18 — *Deux Paysages d'hiver.*

MIGNARD (École de)

19 — *Portrait de femme.*

> Vue à mi-corps, les bras croisés retenant un manteau noir passé sur une robe grise.
> Forme ovale. Cadre sculpté.

MEULEN (Van der)

20 — *Cavaliers.*

PIERRE

21 — *Chactas armé de son carquois et accompagné d'un chien.*

RAOUX

22 — *Le Duo.*

> Dans un parc, une jeune musicienne, tenant un feuillet de musique, chante accompagnée par un joueur de guitare; tous deux sont coiffés de toques à plumes.

RAPHAEL (École de)

23 — *La Vierge, saint Joseph et l'Enfant Jésus.*

REMBRANDT (Genre de)

24 — *Une Prédication.*

ROBERT (E.)

25 — *La Tentation de saint Antoine.*
Signé.

RUYSDAEL (Salomon)

26 — *Troupeau de vaches à l'abreuvoir et nombreux carrosses et cavaliers arrêtés auprès d'une ferme.*

S. A.

27 — *Le Petit Savoyard.*

Près de la grille d'un château, en présence d'une dame élégante et de deux enfants, il fait grimper sa marmotte après un bâton.
Signé.

TARAVAL

28 — *Le Repas du moissonneur.*

Un paysan, assis sur une gerbe de blé, tend les bras vers son bébé conduit par sa mère et qui lui présente une soupière contenant son repas.
Agréable composition.
Signé.

VALLIN

29 — *Baigneuse.*

>Signé.

WATTEAU (École de)

30 — *Le Menuet.*

>Composition de cinq figures gravée. Joli panneau décoratif dans un cadre en bois doré sur fond noir.

WATTEAU (D'après)

31 — *Le Retour de campagne.*
Le Camp volant.

>Deux sujets gravés formant pendants, dans des cadres anciens en bois sculpté.

ÉCOLE ALLEMANDE (XVᵉ SIÈCLE)

32 — *Le Christ déposé de la croix.*

ÉCOLE ALLEMANDE (XVIᵉ SIÈCLE)

33 — *Moines et différents personnages autour d'une table servie.*

>Au bas, une armoirie fleurdelisée.
>Au revers, des cavaliers combattant.

ÉCOLE FLAMANDE

34 — *Henri II et Diane de Poitiers.*

> Représentés en pied, assis sur un lit tendu de draperies.

ÉCOLE HOLLANDAISE

35 — *Le Marché de village.*

ÉCOLE FRANÇAISE

36 — *Portrait de Michel Nostradamus.*

> Représenté assis devant une table, dans un cabinet de travail encombré d'ustensiles scientifiques, mappemonde, livres, etc. Il est vêtu d'un habit garni de fourrure.
>
> Curieuse miniature sur vélin.

ÉCOLE FRANÇAISE (XVIe SIÈCLE)

37 — *Portrait de Pierre Ronsard.*

> En buste, de profil à droite, vêtu d'un pourpoint noir rayé d'or avec manteau rouge.

ÉCOLE FRANÇAISE (Époque Louis XV)

38 — *Les Amants surpris.*

> Petite peinture sur panneau, de forme ronde.

ÉCOLE FRANÇAISE

39 — *Le Sacrifice d'Iphigénie.*

ÉCOLE FRANÇAISE

40 — *Portrait de La Trémoille, en buste.*

ÉCOLE FRANÇAISE

41 — *Portrait de femme.*

Forme ovale.

ÉCOLE FRANÇAISE

42 — Divers portraits historiques.

ÉCOLE FRANÇAISE

43 — *Portrait d'une souveraine.*

A mi-corps, en costume bleu brodé d'argent avec manteau royal doublé d'hermine.

ÉCOLE FRANÇAISE

44 — *Bataille contre les Turcs.*

ÉCOLE FRANÇAISE

45 — *Portrait de Marie-Antoinette en pied.*

Aquarelle.

ÉCOLE MODERNE

46 — *Paysage avec cavaliers.*

------

47 — Tableaux non catalogués.

48 — Dessins et gouaches.

49 — Gravures anciennes, pièces en couleurs.

MEUBLES, FAIENCES

ET CURIOSITÉS

MEUBLES ANCIENS

50 — Petite commode Louis XVI en bois rose marqueté et
à dessus de marbre.

51 — Canapé Louis XVI en bois sculpté et peint en blanc.

52 — Quatre chaises Louis XV en bois sculpté.

53 — Fauteuil Louis XV en bois sculpté foncé de canne.

54 — Pendule Louis XV et son socle de suspension en mar-
queterie de cuivre ornée de bronzes.

FAIENCES ET PORCELAINES

55 — Jolie aiguière en ancienne faïence de Nevers, à décor pseudo-chinois en bleu et manganèse.

56 — Buire en ancienne faïence de Nevers, à décor polychrome.

57 — Statuette de baigneuse en ancienne faïence de Niederviller.

58 — Tasse droite en ancienne porcelaine de Sèvres, pâte tendre, fond bleu, ornée de deux médaillons portraits. Monture en bronze avec pied dauphins.

59 — Lot de tasses et soucoupes en vieux Sèvres, pâte tendre blanche à dents de loup d'or.

60 — Groupe de deux enfants en ancien biscuit, pâte tendre.

BRONZES, CURIOSITÉS

61 — Brûle-parfums formé d'un cavalier monté sur un cheval, ancien bronze du Japon.

62 — Pendule style Louis XV en bronze, modèle à l'éléphant.

63 — Petit buste de Voltaire en marbre blanc sculpté. Travail du temps.

64 — Deux vases en marbre griotte avec montures en bronze de style Louis XVI.

65 — Lot de boutons anciens.

66 — Lot de monnaies anciennes.

67 — Lot d'armes, poignards, couteaux, éperons.

68 — Montre Louis XVI en or émaillé, ornée d'un portrait de femme.

69 — Joli petit cadre Louis XIV en bois sculpté et doré.

70 — Divers cadres anciens.

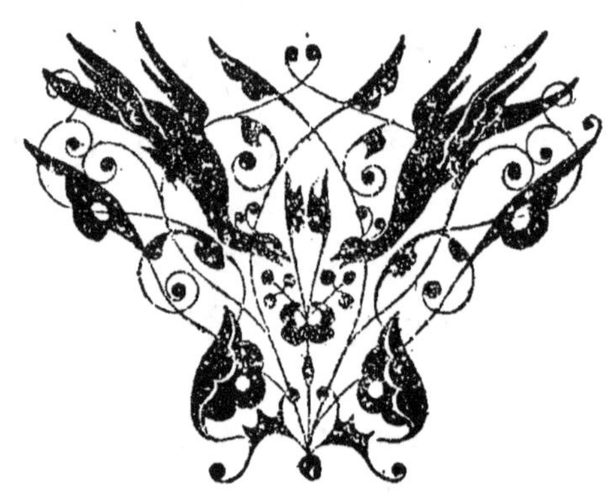